JN412140

그러려니

그러려니

김수봉 제12시집

세종출판사

서문

등단 7년 만에 10권의 시집을 출간했다면 나이 70대의 작가로서는 평년작은 했다 할 수 있기에 올해부터는 다작보다 질 높은 시를 쓰고 출간도 드문드문하겠다고 다짐했다.

그러나 '고리쟁이는 죽어도 버들가지를 물고 죽는다'는 말처럼 여전히 다작만 하게 되니 딱한 처지가 되고 말았다. 그렇다고 이미 쓴 작품을 그냥 폐기할 용기도 없어 해마다 하는 다짐과는 달리 올해도 11집과 12집과 13집 14집을 한참에 출간하게 되었다.

아마도 이런 현상은 필자가 처음 계획했던 희망 사항이 완성되거나 시 쓰기를 그만둘 때까지 해마다 거듭될 것 같아 안타깝지만 이것도 운명이나 팔자일 것이라 생각하고 앞으로도 쓸 수 있을 때까지 계속 열심히 창작활동을 할 수밖에 없을 것 같다.

이 12집은 2023년 10월에서 2024년 11월까지 14개월 동안 창작된 600여 편의 작품 중 400편만 선발하여 11.12.13.14집을 만들기로 하고 14집을 만들기 위해 월별로 5-10여 편씩 먼저 추렴한 뒤 남은 작품 중 2024년 3월부터 2024년 7월까지 쓴 작품을 중심으로 구성한 시집이다.

독자 제현의 많은 사랑과 질정을 기대한다.

2025. 05. 15.

무심재(無心齋)에서 김수봉 사룀.

차례

제2부 2024년 04월

제3부 2024년 05월

제4부 2024년 06월

제5부 2024년 07월

제1부

2024년 03월

죽은 정의正義

정의는 죽었다
아니 처음부터 없었는지도
모를 일이다

신도 죽은 것이 아니라
처음부터 없었거나
인간이 죽인 것처럼

그것도 아니라면
신은 가난하고 힘없는
민중이 만들었지만

언제나 가진 자
힘 있는 자의
하수인이 되는 것처럼

죽은 정의도
힘 있는 자 이긴 자의
편이거나 전유물이기
때문 아닐까

(2024.03.11.)

성에꽃

얼마나 아픈 사랑이기에
차디찬 겨울밤
창밖에 몰래 찾아와
서러운 얼음꽃 피웠나

수줍어 차마 말 못하고
창밖을 서성이고 바장이다가
님이 잠든 창문마다
뜨거운 입김 불어
하얗게 성에꽃 피워놓고

님이 알까 부끄러워
햇살이 퍼지기 시작하면
살그머니 사라지는 너

아마도 너는
천상의 우렁각시거나
얼음 나라 성에꽃 피우는
사랑의 요정이었던가 보다

(2024.03.01.)

인생 꽃길

꽃이 떨어져야 꽃길을
만들지만 꽃이 떨어진다고
다 꽃길이 되는 것은 아니다

꽃길은 바람이 없어도
스스로 떨어져 산화공덕하는
마음이 있어야 꽃길이 되듯

인생 꽃길도 욕심대로 되거나
억지로 만들어지는 것은 아니다

오히려 욕심을 버리고
자신이 꽃길을 걷기보다
꽃길이 되겠다고 노력하거나

주어진 현실이
꽃길이라 자족할 때만
진정한 인생 꽃길이
만들어질 뿐 아닐까

(2024.03.19.)

봄이 오는 방법

봄은 홀로 오는 것이 아니라
꽃들의 릴레이를 통해서 온다

쌓인 눈을 뚫고
봄은 와야 한다며
머리를 치드는 복수초가
겨울을 밀어내면

뒤를 이어 펄펄 날리는
눈을 이긴 매화와
산수유가 바톤을 받아
봄이 오고 있다 소리치고

다음 주자 살구꽃이
볼 연지 찍고 부끄러운 듯
연분홍 치마 휘날리며
소리 없이 웃을 때

뒤이은 벚꽃이 환상의
하얀 새 세상 만들고
진달래 개나리가 앞산 뒷산에

산불을 내야 마침내 봄이 온다

가끔 꽃샘추위에 바톤을 놓치거나
서두르다 넘어지기도 하지만
천지에 풀꽃이 만세를 부르면
봄은 벌써 여름을 향하고 있다

(2024.0326)

목련꽃

때 이른 매화 꽃잎
어지러이 흩날릴 때면
뒤를 이어
봄 마중 나가는 목련꽃

꽃샘추위가 심술부려도
가지 끝에 한 떨기씩만 피고
입은 옷조차 벗을수록
오히려 더 우아하고
아름다운 모습

아마도 태생이 고고하고
고상한 귀부인 혈통의
봄 마중 전령사인가 보다

봄이 무르익을수록
온갖 꽃들과 어우러져
사람마다 가슴속에
환상의 꿈과 황홀한
사랑의 시를 쓴다

(2024.03.15.)

의료 쇼핑

살 만큼 살았고
하루 더 살아도
특별한 의미도 없는 노년들

하루도 빠짐없이
쇼핑하듯 병원을 순례하며
처방받고 치료받지만

병원은 병을 진단하고
처방하고 치료하고
고통을 줄이는 곳일 뿐

병을 예방하고 건강을
증진하며 몸을 튼튼하게
하는 곳이 아니라면

차라리 그 시간
걷기 운동이나
맨손체조라도 하는 것이
만수무강의 양방良方 아닐까

(2024.03.01.)

좋은 것

나쁘다고 다 나쁜 것도
좋다고 다 좋은 것도 아니라서
좋다고 너무 좋아하거나
나쁘다고 너무 싫어할
이유도 필요도 없다

나쁜 것과 좋은 것은
관점과 기호에 따라
서로 상대적인 것일 뿐

사탕은 입에 달지만
금방 싫증을 느끼게 되고
물은 특별한 맛이 없지만
안 마시면 살 수도 없고
아무리 마셔도 질리지 않는다

좋고 나쁨도 중도가 필요하고
치우침이 없어야
진정 좋은 것 아닐까

(2024.03.16.)

살만한 세상

돈이 힘이 되고
힘이 정의가 되는
부조리한 세상이지만

드라마나 영화 속에서는
어떤 악당이나 악행도
마침내 더 강력하고 선한
영웅이 악당을 척결해서
권선징악을 완성하고

많은 시청자들도 환호하며
대리만족과 스트레스를 풀고
새로운 희망을 갖는다

가상의 세계일 뿐이지만
그래도 선이 이기기를 바라는
사람이 더 많다는 것은

세상이 아무리 험악해도
내일은 여전히 살만한
세상임을 웅변하는 것 아닐까 (2024.03.11.)

시 쓰기의 아이러니

시를 써보면
하루에 몇 편씩 쓸 때도 있고
며칠에 한 편도 쓰지
못할 때도 있다

써지지 않으면
이유와 자신의 능력에 대한
회의 때문에 가슴 저린
고통을 느끼지만

너무 쉽게 써져도
자신의 시에 대한
의심과 불안감이 커져서
써지지 않을 때보다
오히려 부끄럽기도 하다

행복하기 위해 시작한 시 쓰기
쉽게 써져도 써지지 않아도
고통스럽고 부끄럽기만 한 것은
여전히 작가의 능력 탓만일까

(2024.03.04.)

새로운 만남

한 짝이 구멍 난 헌 양말
버리기 아까워
성한 것끼리 짝맞추어 신으면

꼴사납다 흉보지만
신을 때는 조금 어색해도
신고 나면 금방 잊어버린다

하루 종일 집에 있거나
밖에 나가도 신발을 벗고
양말 자랑할 일도 없는 일상

남이야 뭐라고 하든 말든
새것처럼 산뜻하진 않지만
발에 익숙하고 편안해서

노년에 홀로된 남녀의
새로 짝맞춘 삶처럼
새것보다
오히려 편안하고 따뜻하다

(2024.03.08.)

성패의 역설

목표의 달성 여부에 따라
성공하면 만족해서 행복하고
실패하면 실망해서 불행한
성패와 만족과 행불행

성공하면 당장은 행복하지만
장래의 목표와 희망이 사라져서
오히려 불행하고

실패는 아픔과 고통을 주지만
여전히 추구할 목표와 성공의
희망이 남아 있기에 추진력이
생기고 미래의 희망을 주기에
오히려 행복하다면

성패와 만족 불만족과 행불행은
일상의 논리적 추리의 평가일 뿐
실지로는 서로 상대적인 말로서
오히려 상호 보완의 말 아닐까

(2024.03.01.)

쓴소리의 아이러니

쓴소리는
누구에게도 환영받지 못하고
모난 돌이 정 맞듯
어디서든 흉잡히고
손가락질당하지만

듣기 좋은 말은 서로 좋고
좋으면 행복하고
행복하면 더 좋다지만

아첨하는 말은
몸에 해롭고
입에 쓴 약은
몸에 이롭다는 속담처럼

마침내 쓴소리의 보약 같은
약효를 깨달았을 때는
이미 때가 늦은 것이
쓴소리의 아이러니 아닐까

(2024.03.02.)

심술의 날씨

지나치게 이른 고온 현상과
꽃이 다 핀 후 때 늦게
찾아온 꽃샘추위

봄을 탐하는 생물의 성급한
행동을 경계하는 좋은 뜻보다
생물의 생명을 위협하는
섭리의 심술이거나 실수일 뿐

잘한다 잘한다고 부추겨서
너도나도 뛰어들게 해놓고
자기의 잇속만 챙긴 후에
남들을 나락의 구렁텅이로
밀어 넣는 금융 사기꾼처럼

생물의 안위를 걱정하기보다
오로지 자신의 권위만 세우고
남에게 고통만 가중시키는
꽃샘추위는 날씨 사기꾼이다

(2024.03.10.)

코뚜레 감기

코 맹맹 기침 콜록 열나고
가슴 답답한 감기는 코뚜레다

소의 코청을 꿰뚫어 끼는
나무 고리인 코뚜레는
큰 덩치에 아주 작은 부분을
구속하는 별것 아니지만

한 번 꿰이기만 하면
아무리 덩치 큰 소라도
꼼짝 못하고 항상 코뚜레의
지시에 따르고 움직일 수밖에
없는 운명적 굴레가 되고 말듯

감기도 자체는 별것 아니지만
걸리기만 하면 일정 기간
복종하고 고통당할 수밖에 없는
코뚜레 같은 고약한 놈이다

처음부터 꿰이지 않는
예방이나 방어가 중요할 뿐 (2024.03.28.)

운명적 아이러니

생을 받은 모든 존재는
살아남기 위해서 더불어
살 수밖에 없지만

모여서 살면 이기기 위해
경쟁해야 하고
경쟁하면 갈등이 생기고

갈등이 강화되면
싸움이 되고
싸움이 커지면 전쟁이 되어

이긴 자만이 살아남는
적자생존 약육강식이
끊임없이 반복될 뿐이지만

그래도 살아남기 위해서는
함께 살 수밖에 없는 것은
인간 존재의 운명적
비극이자 아이러니 아닐까

(2024.03.09.)

편백 사랑

건강에 좋다고 걷기 운동하는
사람들이 길을 메운
대신공원 산책로를 따라
줄지어 서 있는 편백나무

햇빛을 많이 받고
살아남기 위해
몸통의 굵기는 생각지 않고
위로만 키를 키운 탓인지

하늘을 가린 나무들 사이에
비바람을 이기지 못한 나무들이
부러져서 널브러진 잔해
적자생존과 약육강식의 처절한
생존 경쟁을 보여줄 뿐이라면

인간들의 편백 사랑은
비정한 자연 섭리를 통해
도리어 인간 생존의 비정함을
위로받는 역설 때문 아닐까

(2024.03.09.)

필란드의 겨울 삼나무

나무마다 태양을 향해
가지를 위로 뻗는
우리나라의 나무와는 달리

필란드의 겨울 삼나무는
하나같이 흰 눈을 뒤집어쓰고
가지 끝은 땅을 향해 밑으로
뻗고 원뿔형으로 서 있다

눈의 무게에 자신을 지키고
부러지는 피해를 면하기 위해
스스로 자신의 분수를 알고
자신을 굽힐 줄 아는 모습

인간의 삶도 감당할 수 없는
자연의 섭리라면 부러지기 전에
스스로 먼저 굽히는 겸양이
오히려 필요한 것 아닐까

(2024.03.19.)

전망대

멀리 바라볼 수 있는
높은 전망대나 높은 산

어디든 낮은 곳보다
경치가 좋고 호연지기를
느끼게 하는 천국이지만

높은 곳에 올라가는 길은
어디든 험난하고 어려워서
높이와 전망에 따라 그만한
대가를 치러야 한다

인생의 높은 곳도
내려다보며 군림할 수 있어서
누구나 선호하지만

누구나 올라가지 못하는 것은
올라가는 길이 그만한 능력과
고통을 넘어서는 대가가
요구되기 때문 아닐까

(2024.03.19.)

화초 거름주기

평생 의약을 멀리하며
맛있는 음식만 골라서 먹는
성정도 아니라서

화초도 물만 제때 줄 뿐
특별관리를 하지 않아서인지
십여 개의 화분 모두 꽃은커녕
봄이 되어도 시들시들 누렇다

보다 못한 아내가 화초를 위해
사 온 화초 영양제
화분마다 하나씩 꽂았더니

갑자기 집 거실은 노란색의
영양제 링거를 꽂고 회춘을
기대하며 줄지어 누워 있는
노인 병동의 입원실 같다

평생 드러누워 링거를
드리우지 않고 때 되면 조용히
사라지리라 다짐했는데

거실에 영양제 꽂고 새봄의
꽃을 기대하며 웃고 있는
화분의 모습 누런 잎보다
더 쓸쓸하고 안타까운 것은

나의 나이 탓만일까

(2024.03.13.)

한일 관계

용비어천가 제2장 1절에 나오는
“불휘 기픈 남ᄀᆞᆫ ᄇᆞᄅᆞ매 아니 뮐ᄊᆡ
곶 됴코 여름 하ᄂᆞ니”의 해석을

깊은 뿌리는 과거의 역사로
흔들리지 않는 나무는 현재로
꽃이 좋고 풍성한 열매는
미래의 역사로 나눌 수 있다면

과거의 역사가 깊고 튼튼해야
현재가 안정되어 어떤 시련도
쉽게 극복할 수 있고
풍성하고 행복한 미래도 만들
수 있다는 선인들의 역사 인식을
드러낸 것으로 볼 수도 있다

오늘날도 선인들의 역사 인식을
반면교사로 삼을 수 있다면

한일 관계도 미래를 빙자해서
언 발에 오줌 누듯 변명만

일삼지 말고 과거사를 먼저
확실하게 매듭짓는 것이
오히려 양국의 미래를 위한
바람직한 역사 인식이라는
경고 아닐까

(2024.03.01.)

제2부

2024년 04월

봄의 생기

딱따구리
딱 따닥 딱딱 따다닥
봄을 쪼고

화사한 봄볕에
잔설마저 게눈 감추면

마음속의 꽃 맹아리
만세를 불러

꽃샘추위와 황사가
아무리 눈을 흘겨도

고삐 풀린 송아지
들판에 로데오 놀이하고

행복 저수지에
봄꽃의 합성
저절로 낭자하다

(2024.04.18.)

문인의 날

신라의 최치원, 고려의 이규보
조선의 윤선도 정철 박인로…
한 시대를 풍미했던 문호들
모두 문관의 직에 있거나 학문에
종사하는 사람일 뿐이었듯

오늘날도 문인이란 사람은 많아도
대부분 삶의 여기로서 글을 쓰는
사람들일 뿐 문필에만 종사하는
전업의 문인은 드물지만

선인들은 대단한 글쓰기 능력을
가지고 있으면서도 스스로 잡기라
하며 겸양하거나 부끄러워했는데

오늘날 문인들은 변변치 않은
글만 쓰면서도 끼리끼리 주고
받은 문학상이 대단한 것인 양
자랑하며 부끄러운 줄도 모른다

문인의 날을 맞는 축전
문인의 긍지와 자부심을 부여하는
긍정적 좋은 의미도 있지만

혼탁한 세상과 문단 현실에서는
축전을 즐기고 좋아하기보다
먼저 문인의 자세와 긍지와
사명을 돌아볼 필요가 있다면
놀부의 심술보일 뿐일까

(2024.04.20.)

봄 단풍나무

봄바람에 벚꽃잎
비처럼 날리고
길마다 안타까운 꽃길
가슴 저밀 때면

길섶 단풍나무의 연두 잎
마음속엔 벌써
가을 단풍보다 더 붉다

연두가 어찌 봄꽃을
대신하랴만
아가의 손 닮은 연두 잎
꽃진 서러움 금방 지운다

꽃지자 새잎 돋아
연두가 눈을 씻고
가슴속 간질일 때면

남몰래
울면서 웃음 짓는 연두 사랑
도리어 민망하다 (2024.04.10.)

꽃과 잎

잎이 어찌 꽃을 대신하랴만
꽃 지고 새잎 나면
아가의 손 닮은 떡잎 연두
오히려 꽃진 설움 잊게 한다

꽃은 아무리 아름다워도
화무십일홍 너무 짧아서
언제나 아쉬움만 남기지만

연두 잎새는 색깔이 짙거나
단풍 들어 변색해도
오히려 변색마저 아름다움과
시원한 그늘의 풍성함으로

언제 먹어도
질리지 않는 물처럼
새삼 느끼진 못해도
언제나 인간 마음을
위로하는 은근한 친구다

(2024.04.06.)

사월 등꽃

오월 초에 피던 등꽃
사월 초에 꽃피었다
잘된 행운일까?

봄의 꼬리를 잘라 먹고
시냇물 건너뛰듯
봄의 허리 건너뛰어
사월 초에 여름이 왔다

자연은 준비도 안 되었는데
아직 뜸도 들지 않은
밥솥 뚜껑 열 듯
날씨는 여름을 재촉하여
설익은 밥을 푸게 한다

마지못한 자연은
열매도 제대로 맺지 못한
봄꽃 보내고 연두색 나뭇잎
벌써 녹색으로 변하고 있다

한 해에 오고 가야 할 길
이미 정해져 있어서
천천히 가든 빨리 가든
결과는 마찬가지라면

찬물도 순서가 있다는데
차례대로 오가야 할 때
때맞추어 오가는 것이
자연의 순리 아닐까?

(2024.04.15.)

시집을 내면서

시를 창작하는 것은
산모가 아이를 낳는 고통과
신생아를 보는 기쁨이
교차하는 것이란 말처럼

시집을 출간하는 것도
짚신 장수와 우산 장수
자식을 둔 부모 마음 같아서

날이 맑으나 비가 오나
언제나 자식 걱정
끝날 날이 없지만

다만 생각을 뒤집으면
비가 오든 날이 맑든
언제나 좋은 날이 되듯

기쁨과 고통이 항상 교차하는
시의 창작과 출판도
결국 생각 나름 아닐까

(2024.04.26.)

삼성궁 1

봄꽃의 끝 무렵 아쉬워
낙화의 꼬리 잡고 나선
발걸음 삼성궁 향한다

가는 길은
끊임없이 펼쳐진
벚꽃 터널의 눈부심
선경을 노니는 듯

벚꽃의 아름다움에
지치고 눈 시릴 때면
드문드문 나타나는 복사꽃
무릉도원 인도한다

벚꽃 터널도 복사꽃도
끝날 때쯤 나타난
경이의 새 세상

한풀선사가 오로지 돌을
쌓아 돌로만 만든 돌탑과
성벽의 삼성궁을 만난다 (2024.04.08.)

삼성궁 2

한풀선사가 단군왕검의
개국을 기념하기 위해
돌을 쌓아 돌로만 만든
경이의 새 세상

홍익인간의 이념과
신성 공간의 소도로 세운
민족 성전 삼성궁

검달길 따라 계곡의
물소리 들으며
올라갈수록 동공이 커지는
돌들의 경이로운 세상

군데군데 세워진 전각 속
생명의 근원을 확인하며
소도를 상징하는 중앙의
신성 공간에 도착하면

마침내 돌탑 속에 정좌한
민족의 긍지이자 시조인
세모. 원圓. 네모의
환인 환웅 단군왕검
삼성三聖을 알현한다

(2024.04.07.)

안돼요

보고 싶습니다
그립습니다
원망도 미움도
다 잊었습니다

안돼요
그만 멈추세요
사랑했기에
서로의 행복을 위해
잡은 손 놓았잖아요

그래도
보고 싶습니다
그립습니다
끝없이 치닫는 그 마음

안돼요
오지 마세요
아직도 사랑하니까
행복하길 바라니까

(2024.04.01.)

성금 모금 광고

가난의 포르노란 비난을 받는
성금 모금 광고
숭고한 뜻과 의도와는 달리
돈의 위력과 힘만 보여주고

돈은 목마른 자에게 생명수가
굶주린 자에겐 배부른 음식이
병들어 아픈 자에겐 의약이 되는
만물의 생명과 사랑이라 말하며

돈이 많으면 귀신도 부린다던
옛말처럼 마침내 돈은 만물의
생명과 사랑을 지배하는
신이 되었음을 끝없이 강조한다

유전무죄 무전유죄의 세상도
살기 힘든데 돈이 신이 되어
생명과 사랑마저 지배하는 세상
과연 살만한 세상일까

(2024.05.17.)

이팝나무꽃

때아니게 사월에 핀 이팝나무꽃
이상 기후든 이상 고온 탓이든
배고팠던 보릿고개 소환한다

가을 추수의 먹거리가 끝나
섬돌 밑에 묻어둔 배추 뿌리와
꽁보리밥이나 고구마와 갱죽으로
하루 두 끼 배를 채우던
이른 봄이 지나고

보리가 누렇게 익어 뻐꾸기
울음소리 골짜기마다 슬플 때면
여자들은 바구니 옆에 끼고
남자들은 괭이 들고 산과 들로
나물과 풀뿌리 캐러 다니며
찔레꽃 새순을 꺾어 먹고
소나무 햇순의 껍질 벗겨 먹으며
배고픔을 달랬던 보릿고개

어쩌다 고개 들어 바라본
꿈같은 이밥의 고봉밥 닮은 꽃

먹지 않아도 저절로 배가 불렀던
하얀 쌀밥의 이팝나무꽃
언제 보아도 배고파서 배불렀던
보릿고개 소환한다

(2024.04.23.)

자존심自尊心

쥐가 막다른 골목에서
고양이와 맞서 싸우다가
장렬한 최후를 맞이하는 것은
죽음을 앞둔 쥐가 취할 수
있는 마지막 자존심이고

구멍가게의 영세사업자가
뜻밖의 주문을 받았을 때
높은 가격을 제시하면서도
오히려 덤으로 주는 팁은
끝까지 거절하는 것도
영세업자의 자존심이듯

남에게 굽히지 아니하고
스스로 자신의 품위를
지키려는 자존심
돈 많고 잘난 사람들만
세우고 지키는 그들만의
전유물은 아니다

(2024.04.17.)

죽일 놈

불공대천不共戴天의 원수는
부모를 죽이거나
욕보인 놈일 뿐이라면
나와 생각이 다른 사람은
죽일 놈도 나쁜 놈도 아니다

생각과 이념은 천부인권이고
나와 남의 생김새가 서로 다르듯
생각이 다른 것도 당연하다

나와 생각이 다르다고
죽일 놈 나쁜 놈이라 하면
남도 피장파장이라서
세상은 서로 죽이거나 죽어야
끝나는 갈등만 생길 뿐

나와 남이 서로 다름을
인정하고 서로 조율하거나
아니면 너는 너대로
나는 나대로 살면 그뿐

서로에게 피해를 주지 않는다면
서로 죽일 놈 나쁜 놈
삿대질할 필요 있을까 (2024.04.12.)

차별화

옥녀봉 가는 등산로
흰 벚꽃이 흐드러진 곳에
꽃잎이 붉은 벚나무
남다른 자태 자랑한다

보는 사람마다 너나없이
사진 찍으며 감탄하지만
색상은 복사꽃 닮았어도
벚꽃의 현란함만 못하다며
금방 식상한다

호박에 줄 긋는다고
수박이 되거나 더 좋은
호박이 되지도 않듯

잘나려면 껍질의 차별을
통한 아류가 되기보다
차라리 다른 종의 꽃으로
피는 것은 어떨는지

(2024.04.03.)

잊었노라

그리워
너무 그리워서
못 잊어도
잊었노라

봄바람에
날리는 꽃잎처럼
순간에 사라지는
저녁놀처럼

너무 아쉽고
그리워서
살려고
잊었노라

어제도 오늘도
너무 그리워
못 잊어서
잊었노라

(2024.04.09.)

사월의 키위꽃

오월에 꽃피던 키위
사월에 꽃피었다

일 년에 한 번만 꽃피고
열매 맺을 뿐이라면
사월에 꽃피면 뭣하나?

일찍 꽃피면 일찍
꽃질 뿐이지만
늦게 핀다고
반드시 열매 맺는다는
보장도 없다면

소년 급제해서 먼저
열매 맺고 뜻을 이룬다면
일찍 죽어도 여한이 없듯

일찍 꽃피고 열매 맺어
더 많은 사랑을 받을 수 있다면
그것도 다행한 일 아닐까

(2024.04.22.)

독거의 아이러니

젊은 시절은
자신만 책임지는 독거가
자유로워서 편하고

노년은 특별한 일이 없어도
함께 해야 외롭지 않고
행복하다지만

젊은 시절은
오히려 함께해야
삶의 의미와 진정한
행복을 누릴 수 있고

노년의 사람은
도리어 독거를 운명으로
받아들이고 독거를
즐길 수 있어야 편하다면

독거는 나이에 따라
언제나 아이러니할 뿐

(2024.04.12.)

죽어야 피는 꽃

봄이 갈 때쯤
꽃이 죽어야 피고
새로 만들어지는 땅의 꽃길
장례식장의 근조화다

평생 한 번도 꽃길을
걷거나 꽃 속에 파묻혀
앉아본 적 없는 망자

죽어야만 아니 죽기만 하면
꽃 속에 앉는 영정사진과
조문실 안팎을 메운 근조화

망자의 꽃길 같은 명복을
비는 축원이자 기원이듯

꽃이 죽어야 꽃이 피고
만들어지는 꽃길도
길을 걷는 모두의 행복을
비는 산화공덕의 근조화일 뿐

(2024.04.05.)

고갯길

고갯길은 산이나 언덕을
넘어 다니는 비탈진 길이고

경사가 가파르고 높은 고개는
가다가 쉬거나 멈추면
뒤로 밀리거나 영영 올라가지
못할 수도 있고

고개를 다 올라가도
내리막길만 남아 있어서
숨 가쁘게 내려가야만 하듯

고갯길을 넘는 것은
언제나 그만한 고통과 인내와
대가를 지불해야 한다

인생길도 고갯길처럼
다 올라왔다 생각되면
벌써 내려가야 해서

즐겁고 행복한 인생길 되려면
올라갈 때부터 서두르지 말고
쉬엄쉬엄 즐기며 가야만 하는
그런 길일 뿐 아닐까 (2024.06.17.)

그러려니

어떤 사람이나 행동에 대해
양보하며 인정하는 그러려니는
결국 체념일 뿐이라 폄훼하지만

인생은 성공과 실패
기쁨과 슬픔의 교직일 뿐
약육강식의 섭리 속에서
언제나 끝없는 경쟁과 갈등과
고통을 느낄 수밖에 없다면

이기고 성공하는 것이 아니라
상대를 인정하고 양보해야
갈등을 해소하고 평화와 안녕을
얻을 수 있다는 그러려니

인간 삶의 안심입명을
가져오는 새옹지마이자
삶의 최고 가치 아닐까

(2024.04.24.)

제3부

2024년 05월

기회

오세요
늦기 전에
오세요

평생 한 번
누구에게나
온다고 했잖아요

어서 오세요
더 늦기 전에
때도 때가 있다잖아요

서둘러 오세요
더 늦으면
와도 소용 없어요

지루한 장마 끝의
햇살처럼 그렇게
오세요

(2024.05.24.)

저출산 문제

내가 있어야 세상이 존재하고
내가 행복해야 세상이 행복한데
세상의 중심인 나를 도외시하고
아이를 낳지 않아
국가가 소멸한다 야단이다

등이 가려운데 허벅지 긁는
백가쟁명식 국가 정책은
격화소양의 대책일 뿐

아이를 낳을수록 행복하다면
누가 말린다고
아이를 낳지 않겠으며
낳을수록 고통만 가중된다면
당신이라면 아이를 낳겠는가

내가 없는 국가의 소멸 유무
무슨 위협과 대책이겠는가
아이를 낳을수록 행복하다면
저절로 해결될 문제인 것을

(2024.05.31.)

끝

오늘은 오월의 끝자락
연월일이 인위적 분절일 뿐이고
모든 끝은 새로운 시작과
연결된다 해도

끝은 끝일 뿐
언제나 섭섭하고 안타깝다

달성해야 할 목표가 있고
성취하려고 노력했으나
뜻을 이루지 못한 채
빈손으로 먼지만 털며
끝을 맺는다면

그 끝은 안타까움을 넘어
마침내 슬픔과 아픔이지만

어차피 끝나버린 끝
어쩔 수 없으면 즐긴다 했으니
새로운 시작을 준비할 밖에

(2024.05.29.)

남 탓의 아이러니

자기중심적 관점에서 보면
잘하거나 좋은 일은 내 탓
잘못한 나쁜 일은 네 탓이지만
상대의 관점에서 보면
언제나 이와 상반되는 탓

상대의 관점에서 보고
나쁜 결과나 부정적 현실을
모두 내 탓이라 하면
좋은 일은 더 좋아지고
나쁜 일은 서로 협조해서
좋은 결과로 이끌 수도 있지만

부정적이고 나쁜 결과를
모두 남 탓으로 돌리면
좋은 결과도 나빠지고
나쁜 일은 영영 돌이킬 수 없는
나락으로 떨어지고 만다

남 탓이라 하고 싶은 탓
언제나 내 탓이라 할 때만
좋은 결과를 낳는 아이러니다 (2024.05.15.)

떨어진다는 것

해가 떨어져야
환상의 낙조를 볼 수 있고

꽃은 떨어져야 열매를 맺고
떨어진 꽃이 만든 꽃길은
꽃보다 아름답다 말하지만

떨어지는 해와 꽃은
마냥 아프고 슬플 뿐이듯

귀신 놀이하다가
영영 귀신이 되었으니
참 좋겠다는 이태원 참사도

사촌 논 사면 배 아픈 자들의
시기심의 혓바닥 놀림일 뿐

때아닌 꽃샘추위에 떨어진
청춘들 너라면 재미만 있고
원통하진 않겠나?

떨어진다는 것은
어떤 비아냥의 혀 놀림보다
언제나 해원굿이 필요할 뿐 (2024.05.05.)

행복한 부처님

분별과 차별 없이
너와 나 하나 되어
다 함께 행복한 세상을
기원했던 부처님
행복했을까?

모든 기쁨과 행복은
누군가의 희생과 봉사가
전제되어야 하는 약육강식
적자생존의 세상이고

희생과 봉사는
누구나 힘들고 어렵고
고통스러운 것이라면
부처님은 행복했을까?

부처님은 중생의 행복을 위한
자신의 희생과 봉사를
오히려 행복으로 여겼으니

아마도 부처님은
언제나 행복하시다

(2024.05.15.)

집

평생 꿈이었던 집이지만
언제나 주인의 눈치를 보며
묶은 보따리 곁에 두고
늘 전전긍긍하며 이사 갈
준비하며 살던 셋집

나무 코트 껴입고
두 다리 쭉~ 뻗은 채
죽어서야 겨우 가질 수 있었던
한 평 반의 단독 주택

오늘날은 살아서 뻗어보지
못한 사지 그마저도
더 오그라드는 뜨거운 불맛만
본 후 남몰래 산천에 뿌려진다

평생 꿈꾸어도 갖지 못했던 집
죽어서도 여전히 갖지 못할 바엔
차라리 꿈꾸지나 말든지

(2024.05.25.)

성묘省墓

기울어진 늦봄
핑계만 만들다가 몇 년 만에
찾아본 선친 산소

작년 대행사가 벌초를 했건만
잡초들은 벌써 쑥대밭

십 남매 중 일곱 번째로 태어나
한 번도 살갑게 사랑받은
기억조차 없지만 황량한 묘소의
모습 울컥 가슴을 적신다

함께 간 조카사위의 낫질
처삼촌 벌초하는 듯 어설퍼서
손수 낫질 해보지만 괜스레
죄송한 마음 눈시울만 붉힌다

제물을 진설하고 술 한잔
올릴 때 절하는 마음 아쉬워
한참을 엎드려도 머리만 무겁다

돌아서서 내려올 때
돌아보지 않으려 애쓸수록
자꾸만 눈길 가는 묘소
형매에게 부끄럽기만 하다

(2024.05.23.)

풍장風葬

고독사는 스스로 하는 풍장이다

태어나서 먹기만 했던 삶
갈 때 모든 것 다 돌려주고
가볍게 가려고 했는데

조금만 더 고독하거나
좀 더 오래 고독했다면
완벽한 풍장이 될 텐데
너무 일찍 발견된 고독사
참 안타깝다

평생 고독하고 혼자였다면
매장 화장 조장보다
저절로 하는 풍장
무엇이 안타깝고 서러우리

오히려 아름다운 마감 아닐까

(2024.05.20.)

널뛰기 날씨

명절에 뛰는 널뛰기 놀이는
사람의 건강과 몸매 관리에
도움 되지만 날씨의 널뛰기는
오히려 건강을 해친다

하루걸러 한 번씩 오가며
번복되고 반복되는 오월의
여름 더위와 봄 날씨의 널뛰기

변덕의 날씨에 적응 못한
노년들에게는 건강은커녕
전전긍긍할 염왕의 초대일 뿐

인간이 더 행복하기 위해
애를 쓸수록 반비례해서
불행을 가져올 수밖에 없는
날씨의 번복과 변덕이라면

자업자득의 날씨 변덕은
결자해지할 수밖에 없는 인간
삶의 비극적 아이러니 아닐까 (2024.05.21.)

과공過恭

이유 없이 지나치게
친절하고 자꾸 부추기면
대부분 사기꾼

변변치 않은 사실을
크게 부풀리고 칭송할 때는
반드시 숨은 의도가 있을 뿐

술잔이나 권하면서
대단하다 존경한다는
과분한 칭송이 기분 좋고
어깨가 으쓱할 때면

과공過恭은 비례非禮요
불공不恭은 결례缺禮라는
옛말을 되새겨야 할 때일 뿐

후회할 때는
이미 때가 늦다

(2024.05.28.)

그리움

애타게 보고 싶다는 그리움
지난 뒤 돌이킬 수 없는 것을
아름답게 미화한 말이거나

현실의 불만스러운 욕구를
다른 것으로 치환해서 자신을
정당화하는 투사投射일 뿐

그리움의 단골 메뉴인
첫사랑과 고향도
불만스러운 현재의 사랑과
삶에 대한 투사일 뿐

막상 다시 만나거나 찾아가 봐도
이미 옛날의 그도 나도 고향도
아니라서 오히려 실망할 뿐

그리움은 현재의 불만스러운
욕구를 되돌릴 수 없는 과거의
대상에 투사한 결과일 뿐
그렇게 아름다운 것만도 아닌 듯 (2024.05.17.)

부끄러운 영장靈長

사악한 인간을 인면수심이라 하며
짐승을 폄훼貶毁하고
인간은 만물의 영장이라 하며
괜스레 자랑한다

육식동물은 대부분 동족을
포식해도 약육강식의 생태계에서
살아남기 위해서만 포식할 뿐
배부르면 사냥도 멈추지만

인간은 배부르고 힘이 강할수록
더 많이 먹고 가지고 군림하기 위해
끊임없이 동족도 상잔하고 포식한다

동족상잔과 포식을 일상처럼
자행하는 인간이 짐승을 폄훼하고
자신을 영장이라 자랑하는 현실
도리어 부끄럽지 않겠는가?

(2024.05.18.)

책 나누기

허기진 사람에게 밥 나누기는
언제 어디서나 환영받고
반찬 투정 없이 감사하지만

마음과 정신을 채우는
책 나누기는 대부분
먹어보지도 않고
거절하거나 비판한다

이미 정신이 가득 찼거나
모르는 것이 약이라는
세상 이치만 깨달은 탓일까

나누고도 욕먹거나
감사를 받지 못하는
책 나누기

욕심과 시기심이 충돌하는
상호 모순의 광장이자
긁어 부스럼 내기다

(2024.05.05.)

피차일반

부자父子의 자子가 많을수록
부자富者가 되고 부러워하던
시절은 이미 전설이 되고

부자父子의 자子가 없거나
적을수록 행복하고
부자富者가 된다는 현실

추원보본도 현실의 부를
더하고 행복을 줄 때만
가능하고 필요한 것일 뿐

돈이 들고 힘들고 성가시고
즐겁지도 않은 효나 성묘나
제사는 필요가 없다면

누구나 피할 수 없는
조상도 피차일반
마찬가지 아닐까

(2024.05.12.)

유리잔도

높고 험한 벼랑에 유리를 깔아
선반처럼 달아 낸 유리잔도

발밑에 내려다보이는
천 길 낭떠러지는 생각만 해도
오금이 저리고 두렵지만

하늘을 쳐다보거나
눈을 감고 보지 않으면
오히려 두려움이 감소된다

두려움은 무지와 의심에서 생기고
밤길과 죽음이 두려운 것도
어두워서 보이지 않고
그 뒤를 알 수 없기 때문이라면

밝은 날 잘 보일수록
유리잔도의 두려움이 더 커지는
것은 무슨 까닭일까

아마도 어중간하게 알아서
도리어 모르는 것보다 더 많은
의심이 생기기 때문은 아닐까 (2024.05.20.)

어버이날

엊그제는 어린이날
오늘은 어버이날
거룩한 이름 따라
새삼 가슴이 먹먹하다

거미와 문어가 새끼를 낳고
자신의 몸을 먹이로 먹이는
극단적인 사랑이 아니라도

가물치 새끼가 자신을 낳다가
눈먼 어미를 위해 차례로 어미의
입속에 들어가 어미를 살리는
극단적인 효가 아니라도

저출산이 국가소멸이란
국가 위기를 초래하고
독거노인의 고독사가
일상이 된 현실이라면

어린이날과 어버이날은
축하하고 즐기는 날보다
존재의 의미와 삶의 염치를
돌아봐야 하는 그런 날 아닐까 (2024.05.08.)

5월 장마

꽃들은 맵시 자랑 한 번
해보지도 못한 채 몸져눕고
나뭇잎은 계모에게 이유 없이
매 맞은 자식처럼 후줄근해서

장마 후 숲속에 들어가면
물을 흠뻑 머금은 잎새들
손만 닿으면 녹색 물감이
묻어나서 사람조차 금방
스머프가 될 것만 같다

연두가 녹음보다 더 좋거나
녹색이 싫은 것은 아니지만
여름의 장마보다 텁텁하고
더 끈적거리는 오월의 장마

계절의 여왕을 단숨에
여름의 제왕 염제炎帝에게
바치는 비겁한 배신자거나
반역자 아닐까

(2024.05.06.)

요르단 페트라 유적지

태양과 바람만이 역사를 기록한
붉은 바위산과 모래사막만
남아 있는 옛날 대상 도시였던
열사와 불모의 땅 페트라

좁은 시크(틈새)를 지나
바위산 안쪽에 들어서면
높은 바위 절벽을 깎아 만든
신전과 무덤 같은 구조물

2100여 년 전 절벽을 깎아
오늘날도 감탄할 저런 구조물을
어떻게 만들 수 있었을까
볼수록 신기하고 경이롭지만

인간은 언제 어디서든
적응하며 살아남고 신과 죽음을
경외하는 미적 감각은 시대를
초월한다는 것을 새삼 깨달을 뿐

(2024.05.14.)

주화입마走火入魔

시가 계획보다 잘 써지다가
갑자기 전혀 시상이 떠오르지 않고
애를 쓸수록 가슴만 답답하고
체한 듯 기운도 의욕도 떨어진다

가끔 있는 일이지만 그러려니
하며 참고 견디면 저절로 일상으로
회복되곤 했는데 이번에는 장기간
붓방아만 찧고 악화되는 것으로 보아
아마도 주화입마에 빠진 듯하다

주화입마의 치료는 절정의 고수가
임.독 양맥의 혈을 강제로 뚫어주고
기혈을 백회혈로 통하도록 해주면
오히려 새로운 단계로 상승해서
고수가 될 수 있는 계기가 된다지만

아직 그런 고수를 만난 적도 없고
만난다 해도 무단히 그런 은혜를
베풀 고수가 많지 않다는 낙담에
오늘도 나의 시는 침몰하고 만다 (2023.09.14.)

제4부

2024년 06월

파랑새 2

종이에 그리면 시가 되고
마음에 새기면 사랑이 되어
눈에 담으면
마침내 보인다 하지만

진종일 그리고 새겨도
자취도 흔적도 없는
나의 파랑새여

어디서 무엇이 되어
어떻게 살고 있을까

그리고 새기고 담아서
시와 사랑이 되고
볼 수만 있다면

오늘도 내일도 영원히
그리고 새기고
담고 싶어라

(2024.06.29.)

흐르는 물

가끔 고여있기도 하지만
흐르기 위해 떨어지고
떨어지기 위해 흐르기도 하면서
물은 끊임없이 아래로만 흐른다

무엇 때문에
왜 흐르는지도 모르면서

인간이 왜 태어나고
무엇 때문에 사는지
모르면서 사는 것처럼

마침내 물은 무슨 특별한 일이
있는지 없는지도 모르면서
무작정 흘러서 바다로 간다

왜 죽어야 하는지도
모르면서 죽는
인간의 삶처럼

(2024.06.25)

영웅의 정의

영웅은 지혜와 재능이 뛰어나고
용맹하여 보통 사람이 하기
어려운 일을 해내는 사람이라는
사전의 정의는 오류다

능력 위주로 영웅을 정의하면
큰 능력은 사용 방법에 따라
영웅이 될 수도 있지만 악당이나
반역자가 될 수도 있기 때문이다

제정일치 시절에 제사장은
신으로 섬겼으나 영웅이라
하지 않는 것은 그들 모두
전대 제사장을 죽인 살인자이기
때문인 것과 같은 이치다

진정한 영웅은 지혜와 재능이
뛰어날 뿐만 아니라 보통 사람이
하기 어려운 인류의 평화와
행복과 정의를 지켜낸
사람이라 정의해야 마땅하다 (2024.06.13.)

자랑의 아이러니

개인이든 민족이든 국가든
이기고 승리해서 성공한 것만
기억하고 자랑거리로 삼지만

이기고 승리해서 성공한 것은
반드시 지고 패배하고 실패한
상대가 있다는 점에서 언제나
비정한 폭력성을 내포한다

약육강식의 생태계에서
살아남기 위해서는 어쩔 수 없다
말할 수도 있겠지만 방어 아닌
정복이나 공격에 초점을 맞춘
승리와 성공이 자랑거리만 될까

언제나 패배자의 슬픔을
전제해야 하는 정복의 자랑거리
오히려 부끄러워해야 하는
인간의 야만적 행동 아닐까

(2024.06.18.)

두리번두리번

사랑했지만
헤어진 연인을 찾듯
여기저기 어디서든
두리번두리번

엄마 찾는 아기처럼
꽃을 찾는 벌 나비처럼
정신 나간 광인처럼
간절히 두리번두리번

필요도 이유도 소용도
없는 줄 알면서도
그래도 어쩔 수 없어
자꾸만 두리번두리번

어제도 오늘도 내일도
내 삶의 이유와
존재의 의미를 찾기 위해
언제 어디서나
두리번두리번

(2024.06.28.)

신이 머무는 곳

삶의 조건이 척박하고
살아남기 힘든 곳일수록
많은 신이 존재하고
믿음도 깊고 강했다

세상에는 가장 큰 힘을 가진
권력자가 최상의 멋진 궁전에
거처하듯 그들이 믿고 섬기고
숭배하는 신은 왕보다 더 멋지고
신성한 곳에 머물러야만 했다

신이 머물고 존재하는 곳은
언제든지 당대에 믿고 따르는
존재에 걸맞은 최상의 장소에
최고의 거처를 만들었다

오늘날 세계의 대표적 문화
유적지가 대부분 신전이거나
왕궁인 것도 이런 의식에서
비롯된 것 아닐까

(2024.06.20.)

장자제 풍광

죽기 전에 누구나 한번은
가봐야 하는 무릉도원이라
자랑하는 중국 장자제의 풍광

기기묘묘한 기암괴석이 한자리에
모인 듯한 기괴한 풍광에
턱 빠지고 눈 둥그레지지만

산이 너무 늙어서 살점은
다 떨어지고 뼈만 남아서
언제 무너지고 꺾어져도
이상하지 않은 얇고 높은
수많은 건곤주라는 바위기둥이
한 장소에 모여 있는 모습
늙고 뼈만 앙상한 노인들의
요양병원 같다

요양병원이 무릉도원이 아니라면
너나없이 찬양하는 장자제의 풍광도
인간들이 왜곡한 착각의 시각일 뿐
오히려 노년처럼 안타깝고 애달프다면
나만의 엉뚱하고 삐딱한 생각일까 (2024.06.24.)

크리스마스섬의 홍게

년말 크리스마스 때쯤
섬 전체를 붉게 물들이며
종족 보존의 산란을 위한
일억여 마리 홍게의 대이동
장관을 넘어서 경이다

이동 중에 천적 등에 의해
수천만 마리가 죽고
몇 조가 넘는 알을 낳지만
살아서 돌아오는 숫자는
언제나 떠날 때와 비슷해서
삶의 균형을 유지하는 자연
경외심을 불러오기 충분하다

육지에서 산란할 수도 있고
바다에서 계속 살 법도 한데
수많은 주검을 딛고
기어코 바다로 가고
육지로 돌아오는 처절한 대이동
자연의 섭리가 송연할 따름

삶과 죽음을 초월한
홍게들의 간절한 염원
다 이루기를 바랄 뿐

(2024.06.30.)

필리핀의 다락논

관광 차원에서 바라보는 풍광과
그곳을 삶의 터전으로 삼고 사는
사람들이 느끼는 풍광은
완전히 서로 다르듯

세상의 어떤 곳에서도
볼 수 없는 세계문화유산이라
예찬하며 야단법석인
필리핀 바타드의 다락논

다른 종족의 침략을 피해
깊은 산속으로 숨어들었고
살아남기 위해
어쩔 수 없이 만든 다락논
삶의 방편이자 몸부림일 뿐이라면

겉으로 보이는 모습만으로
내리는 낭만적인 평가
본질을 호도하는 인간의
이기적인 욕심 아닐까

(2024.06.29.)

피지의 문명 교육

피지는 작은 섬이지만
천혜의 자연환경으로 필요한 것은
언제든지 자연에서
부족함 없이 구할 수 있고

사람들도 누구를 보든 환영하고
반가워하며 무엇을 하든 웃음이
끊이지 않고 틈만 나면 춤추고
노래하며 즐겁게 산다

이들에게 더 잘 살기 위해서는
문명 교육이 필요하다며
앞다투어 종교와 과학 기술
문명을 전파 전수하지만

갈등과 경쟁만이
팽배한 과학 문명의 현실
피지 사람들에게
행복을 더할 수 있을까

벌거벗고 살다가 문명의 팬티와
겉옷 걸쳐도 더 행복하지 않다면
피지의 문명 교육은 누구와
무엇을 위한 교육이고 전수일까 (2024.06.19.)

현충일顯忠日

오늘은 나라와 민족을 위해
목숨을 바친 순국선열의
충과 열을 추모하는 현충일

누구는 명령에 따라
민중을 총칼로 진압하다가
총 맞아 죽어서 현충원에 묻히고

누구는 민주와 자유를 외치며
저항하다가 총 맞아 죽어서
민주열사의 현충원에 묻혔다

정치와 권력의 부침에 따라
충렬과 반역이 번복되는
현실에서 충렬과 반역자가
함께 묻혀 있는 모순의 현충원

비 올 듯 울먹이는 날씨 속에
울적한 마음으로 조기를 게양하며
진정한 충열이 무엇인지
다시 한번 생각해 볼밖에 (2024.06.06.)

쌤통이다

가끔 몇 통의 안부 문자와
일상의 전화만 주고받던 친구
마음에 점도 찍기 전에

간다네요
전원 생활하러 간다네요
그곳이 이상향이래요

가서 잘 살아라
행복해라
말은 하면서도

괜스레 허전하고 얄미워서
십 리도 못 가서 발병이나
나버려라 하는 마음

사촌 논 사서 배 아픈
인간의 샘통 심리일 뿐일까

(2024.06.29.)

까치의 죽음

태어나고 죽는 것이 일상이고
하나의 주검이 여럿의 생명을
살리는 자연의 섭리 앞에서
까치의 죽음이 무슨 대수랴마는

굴러들어 온 돌이 박힌 돌 뽑듯
이름도 울음도 비슷한 까막까치
힘센 놈이 영역을 침입해서
약한 놈을 죽이고 빼앗는 현실

등산로에 떨어져 물을 토하며
죽은 까치는 체온이 다 식기도
전에 온갖 벌레들이 모여 정찬을
즐길 뿐 까마귀는 웃고
까치는 잠시 울다가 사라질 뿐

약육강식의 비정한 생태계와
끝없는 갈등과 경쟁에 시달리는
인간 세상이 겹쳐 보이는 것은
나만의 잘못된 시각일 뿐일까

(2024.06.20.)

고려장

늙고 거동이 불편한 부모를
돌아올 수 없는 깊은 산속에
혼자 버려두었다가 죽어서
저절로 풍장이 된 뒤 유골을
거두어 매장하는 고려장

일제강점기 왜놈들이 우리 민족을
폄훼하기 위해 날조한 것이라지만
동양 각국에 전래하는 설화를
참조하면 대부분의 나라에서도
이름만 다를 뿐 고려장이 있었다면

오늘날 늙고 병들어 독거하다가
마침내 죽어서 풍장 된 뒤에야
고독사로 밝혀진 노년들
고려장과는 다른 것일까

전래 이야기만이 아니라면
남을 비난하고 비판하기보다
오히려 오늘의 자신을 먼저
돌아봐야 하는 것 아닐까 (2024.06.01.)

기상起床

아침 여섯 시를 알리는
부지런한 알람 소리
새벽부터 뒤척이던
무거운 몸 일으킨다

젊은 시절과 달리
기상해도 할 일도
오라는 곳도
갈 곳도 없으면서
오늘도 정시에 기상한다

일과는 매일이 마찬가지
그냥 시간을 죽이고
아침을 기다리듯
저녁을 기다리는 것뿐

그래도 기상만이 삶의
유일한 의미인 것처럼
오늘도 어김없이
정시에 기상한다

(2024.06.02.)

풍광風光

공자님께서
'태산과 바다를 보지 않은 자
산과 물을 보았다 말하지 말라'며
안목의 중요성을 강조했듯

'세계 테마기행' 등
TV 프로그램을 통해
평소에 상상도 못 했던
엄청나게 크고 높은 산과
너무나 멋진 호수와 바다
세상 곳곳의 특별한 풍광을
턱 빠지는 줄 모르고 보노라면

지금까지 자신의 안목이
얼마나 우물 안 개구리였는지
새삼 부끄럽기도 하지만

우물 안 개구리는 넓은 하늘을
보지 못해 불행했고
우물 밖 개구리는 넓은 하늘을

보아서 더 행복했을까?
의문에 이르러서는

삶의 행복은 안분지족에 있을 뿐
안목의 넓이나 높낮이에
있지 않다는 판단에 지금까지의
부끄러움 마침내 내려놓는다

(2024.06.13.)

육이오(6.25)

오늘 무슨 날이게?
무슨 특별한 날인가?
무지 특별한 날이지
죽고 살고 하는 날인데

그럼 월급이나 연금날인가?
아니 무엇을 받는 날은 아니야
그럼 공휴일도 아닌데
무슨 특별한 날이 있어?

그래 오늘은 6.25야
그럼 월말이라는 말이네

어찌 월말일 뿐인가?
돈이 생기는 것도
공휴일도 아니라면
계 타는 월말밖에 더 있어?

산화한 영령님들 죄송합니다
그러나 어쩌겠어요
당신의 잘난 후손들인걸요 (2024.06.25.)

과장科場의 장원壯元 시

이름만 들어도 크게 기대되는
과거 시험의 장원 시지만

명성만큼 그렇게 뛰어난 시는
드물어서 읽어본 사람은 누구나
'이럴 수가' 하면서 실망한다

경서를 중시하고 문장을 천시하던
당대의 시대적 영향도 있겠지만

과장에서 과제科題를 보고
즉석에서 시를 지어야 하고
깊은 사고와 퇴고할 여유가
부족했기 때문이라면

대단치 않은 장원 시는
오히려 시 쓰기의 깊은 사고와
퇴고의 중요성을 강변하는
훌륭한 장원 시 아닐까

(2024.06.26.)

미군美軍의 주둔

우리의 최우방국이라 믿었던
미국이 미군의 주둔 대가를
더 많이 지불하라고 억지다

지금까지 미군의 주둔이
우리의 이익만을 위한 것이었고
그들은 손해만 보았을까

대한 제국 때 처음
미군이 주둔할 때부터
대한민국의 독립과
6.25 전쟁의 참전과 주둔도
지금 주둔하고 있는 미군도
우리만을 위해서 손해 보며
주둔하고 있는 것일까

안보를 핑계로 막무가내로
자신의 이익을 더 많이
챙기겠다는 수작일 뿐이라면

차라리 그 돈으로 우리의
자주국방을 추구하면 어떠리 (2024.06.09.)

그리움 〈시조〉

사랑은 잠시 잠깐 오해는 길고 길어
남은 건 그리움과 애타는 추억들뿐
회한만
눈덩이처럼
굴릴수록 커진다

잊었다 잊어야 해 애쓰고 안달해도
날마다 돋아오는 햇님과 별님처럼
때 없이
보고픈 얼굴
달님보다 빛난다

달빛이 빗물처럼 창문을 두드릴 때
두견새 울음 따라 개망초 피어나듯
애끓는
그리운 마음
은핫물만 더하네

(2024.06.15.)

제5부

2024년 07월

걱정스러운 AI 발전

AI 과학 기술 발전의
무서운 질주

과학 기술이 낳은 문제는
과학 기술이 해결할 수 있다는
과학자들의 주장
AI 기술의 발전에도
적용될 수 있을는지

과학 발전은
마침내 이상 기후를 초래했고
기후 위기는 이미 인류의
생존을 위협하고 있다면

AI 과학 기술의
질주가 빨라질수록
이미 때가 늦게 될 것이란 의심은
나만의 무식한 기우일 뿐일까

(2024.07.10.)

물구나무서기

하는 일마다
뜻대로 되지 않아서
하늘이 원망스러울 때
물구나무서기를 해보자

그렇게 높은 하늘이
갑자기 내 발보다 낮은
저만치 발아래 있다

사는 것이 데데하고
모든 것이 못난 내 탓이라
자괴감만 들고 괴로울 때도
물구나무서기를 해보자

못난 내가 잘난 세상을
두 손으로 떠받치고 있다

세상이 더럽고 치사해서
뒤집어버리고 싶을 때도
물구나무서기를 해보자

세상은 내가 마음먹기에 따라
언제든지 뒤집을 수도
바로 놓을 수도 있다

물구나무서기는
언제나 내가 세상의 중심이고
주인임을 새삼 깨닫게 한다

하지만 나는 아직
물구나무서기를 제대로
배우지 못했는데 어쩌지

(2024.07.03.)

다이어트

날씬하고 매력적인
몸매 관리가 아니라도
질병 예방과 건강한 삶을
위해서 누구나 희망하고
실천해야 하는 다이어트

희망과는 달리 대부분
다이어트에 실패하는 것은

인간 제일의 욕망인 식욕은
더 많이 잘 먹기 위해 목숨 거는
약육강식의 생태계에서
정점을 차지한 인간이 스스로
억제하기는 매우 어렵기 때문이고

어쩌다 한 번 성공한다 해도
욕심을 계속 억제하지 못한
식탐이 마침내 요요현상을
불러오기 때문이라면

진정으로 다이어트에 성공하고
건강한 삶을 영위하기 위해서는
음식의 다이어트보다 먼저 욕심의
다이어트가 필요한 것 아닐까 (2024.07.07.)

빨리 가기

걸어서 길을 가보면
걸음 느린 사람이 걸리적거리거나
마주 오는 사람이 앞을 막을 때
성가시고 답답해서 힘으로라도
무찔러버리고 싶기도 하지만

진나라 말엽 전력과 전투력에서
훨씬 부족했던 유방이 항우보다
먼저 함향에 도착해서 한나라를
세운 창업주가 된 전술처럼

빨리 가려면 오히려 자신이
비키거나 양보하는 것이 훨씬
좋은 방법이 되듯

인생 목표도 빨리 달성하려면
부딪치는 수많은 방해와 걸림돌
싸우고 넘어서려 애쓰기보다
오히려 비키고 양보하면서
갈 줄도 알아야 하는 것 아닐까

(2024.07.06.)

현실 만족

민중들에게 흔히 들을 수 있는
'현실에 만족한다'는 말

자신의 분수를 알고
더 이상의 것에 대해서는
스스로 관심 없기 때문에 오는
초월의 만족이라 믿고 싶지만

인간은 욕망의 그릇이고
채울수록 기하급수적으로
커지는 그릇이란 점에서

만족한다는 말 자체가
이미 체념을 내포하고 있어서
도리어 불만스러운 처지에 대한
허장성세의 거짓말일 수 있다면

민중들의 현실 초월적 진심을
오해하거나 곡해 폄훼하는
착각에 불과할까

(2024.07.17.)

헛물켜기

"오늘 가까운 곳에
나와 있어요"
기대 밖의 반가운 문자

너무 고마운 마음에
"혹시 서로 눈 맞춤
할 수 있나요?"

아무런 설명도 없이
"다음에요"
라는 답 문자

그럼 왜 문자 보냈지?
'계륵'이나 여름철 '곁불'
관리 차원일 뿐인거야

괘씸한 생각에
헛물만 켠다

(2024.07.12.)

부족한 언어

랜선을 통해 그랜드캐니언
장자제 이과수폭포 하롱배이 등
세계적인 자연풍광 명소를
둘러보면 신기막측한 풍광에
놀라서 턱만 빠질 뿐 말로 다
예찬하고 표현할 수조차 없다

지각변동이나 화산이 기초를
만들면 비와 바람과 세월이
합작해서 깎고 만든 자연풍광

조화옹의 신묘한 걸작품을
인간의 변변치 않은 언어로
다 표현한다는 것은 애초부터
언감생심이지만

어려서부터 아첨하거나 예찬하는
말을 특별히 배우거나 관심을
갖지 않은 나로서는
더욱 언어의 부족을 느낄 뿐

대자연의 크고 작고 웅장하고
기묘하고 신비하고 아름다운 모습
멋지고 대단하고 굉장하다
박수와 환호만 보낼 수밖에

(2024.07.18.)

모순의 반려자

부부가 손자녀 돌봄
종교행사 친구 관리 등으로
동거 동침 동식보다
각거 각침 각식이 더 좋아지면
이미 반려자가 아니다

밤에는 언제나 피곤한 다리
쉬게 하고 답답한 가슴 열어주는
죽부인이 도리어 반려자고

낮에는 서로 만나 잡담하고
함께 밥 먹고 술 마실 수 있는
친구가 진정한 반려자일 뿐

이도 저도 할 수 없을 때는
요양병원의 무서운 보호사조차
오히려 반려자다

세월 앞에 티끌처럼 날아가는
젊은 날의 동거 동숙 동혈의
사랑 맹서 오히려 부끄럽다 (2024.07.05.)

닭 대신 꿩

엄광산 둘레길 산행하기로
작정했다가 장마철 날씨의
변덕으로 '꿩 대신 닭'이라며
꽃마을 저수지만 걷기로 한 산행

우산 들고 데크에 들어서면
저수지 군데군데 노란 수련이
도솔천 부르는 곳에

빗방울은 떨어져 동그라미
그림 그리고 쏘아 올리는
갖가지 모양의 분수는 바람
따라 안개꽃 피우고 날린다

걷고 볼수록 선경인가
착각할 즈음이면 데크에
들어설 때까지 우울했던 마음

갑자기 환해지며 역시 '닭 대신
꿩'이였구나 하며 둘레길 산행을
방해한 장맛비에 오히려 감사한다 (2024.07.19.)

나미비아 사막의 일출

좁은 땅에 태어나
산꼭대기나 수평선에서
떠오르는 일출만 보다가

나미비아 붉은 모래사막에서
바라보는 일출은 다른 어떤
곳의 일출보다 특별하다

붉은 사막에서 떠오르는 태양은
밝은 빛만이 아니라 순식간에
온 천지를 붉게 물들이는
붉은 물감의 경이이자 감동이다

사방 천지를 둘러봐도
저녁놀보다 더 붉은색뿐
순식간에 나도 붉어져

세상이 원래 붉은색이었던가
정신과 마음조차 아득하게 붉어져
자연의 경이에 경외할 뿐

(2024.07.19.)

소수 민족의 삶

세상 곳곳의 깊은 산속
현대문명과 격리된
오지에 사는 소수 민족의 삶

문명화된 세상의 안목에는
미개하고 불편하고 힘들고
불행해 보일지 모르지만

전통을 지키며 살아가는
그들의 삶이 편리한 삶을 사는
문명국의 화려한 도시적 삶보다
오히려 더 행복하다면

그들의 행복을 부러워하면서도
자신들의 선진 문명을 전수하겠다는
자칭 선진 문명국의 아량은
오히려 분수 모르는 오만함과
행복을 파괴하는 시기심 아닐까

(2024.07.28.)

문화 유적지

세계의 유명 문화 유적지는
대부분 신전. 종교시설이거나
왕궁. 성. 족장 등의 거처다

인간 삶의 전부가 문화이고
문화가 집약된 곳이 유적지라면

약육강식과 적자생존의 생태계에서
인간은 살아남기 위해 가장 힘센
자에게 의지하고 섬길 수밖에 없었던
삶의 형태가 인간 문화일 수밖에 없다

어떤 시대든 인간에게 가장 힘센
존재는 전지전능한 신이고
다음이 실제의 모든 권력을 가진
왕이나 성주 등이었다는 점에서
지금까지 남아 있는 문화 유적지가
가장 장엄. 웅장. 화려. 아름다운
종교시설과 왕궁 등인 것은
전혀 이상할 것도 없지만

문화가 총집합 되었다는
인류 최고의 문화유적 모두가
민중의 삶보다는 최고 권력자가
머물던 거처로만 집중된 점은
아무래도 안타깝고 입맛 쓰다면
어깃장의 시각일 뿐일까

(2024.07.05.)

죽은 시

머리 감을 때 먼저 감는 것은 눈
과자가 자기 소개하는 말은 전과자
가장 뜨거운 전화는 화상전화 등등
난센스퀴즈가 유행하는 세상

진부한 시적 표현에 진력난
시인들도 새롭고 참신한 시적
표현을 위해 낯설게 하기
비틀기 등을 선호하지만

엉뚱하고 상식을 벗어난
뒤틀린 표현만이 특별하고
참신한 표현이 된다면

시를 쓰면
시시하거나 식겁하고
시가 죽으면 시래기가 된다는
비틀리고 낯선 표현도
참신한 표현이라 할 수 있을까

(2024.07.14.)

무지의 공포

죽음이 두려운 이유도
이후를 알지 못하기 때문이듯
무지는 모든 두려움과 공포의
시작이자 끝이다

세계적인 유명 관광지인
이탈리아 카스텔리나 동굴 속
가장 아름답다는 크로타 비앙카
천장의 작은 구멍도

세계에서도 드물게 아름답고
멋진 석회암 동굴을 발견하게
된 계기가 되었지만

처음에는 깊고 어두운 동굴 입구에
놀라서 인간이 상상할 수 있는
가장 두려운 지옥의 입이라 했듯

무지는 국가와 사람에 관계없이
언제나 상상할 수 있는 최악의
공포를 유발하는 근원 아닐까 (2024.07.25.)

무더위

'올해는 유난히 덥다'는 말
해마다 하고 듣는 말이지만

아무리 더워도 부채 하나로
이열치열 여름을 넘어서던
선인들을 생각하며
젊은 시절은 더우면 더운 대로
그냥저냥 지냈는데

올해는 장마와 태풍이 몰고 온
폭염주의보와 경보
선풍기와 에어컨이 있어도
참기 어렵다면 나이 탓만일까

안락한 삶과 행복을 위한
과학 문명의 발전이
마침내 지구 온난화를
불러오고 인간 생존에까지
위협을 끼친다면

시위를 떠난 화살처럼
가속도만 더하는 과학의 발전
다시 생각해 볼 문제 아닐까 (2024.07.27.)

혹시나와 설마

둘 다 인정하기는 싫지만
이미 실패의 실마리를
인지하고 있는 말일뿐만 아니라

실제로도 혹시나는 역시나로
설마는 그럼 그렇지로 끝나서
언제나 기대를 빗나가지만

약자는 설마나 혹시나와 같은
막연하고 확률 희박한 기대라도
있기 때문에 살 수 있다면

약육강식의 비정한 현실 속에서
세상은 왜 약자의 기대보다
항상 설마 혹시나가
추측대로만 되는 것인지
참으로 안타까울 뿐

(2024.07.15.)

유명인의 허실

사람은 누구나 유명하고
존경받는 인물 되기를 희망하지만
유명하다고 이름처럼 잘나고
명예로운 존재는 아니다

적도 에콰도르 침보라소에서
빙하얼음을 채취 판매하는
세계 유일의 유명한 얼음 장수

남들이 다 그만두고 혼자만
남을 때까지 특별한 신념도 없이
그 일만 계속한 것은
다른 일은 할 줄도 모르고 그 일만이
유일한 생계 수단이었기 때문이라면

오히려 현실에 적응 못한
고지식한 못난이일 수도 있듯

세계적인 유명인이라고
다 잘나고 존경받을 가치 있는
그런 인물일까? (2024.07.13.)

왁자한 죽음

가나의 볼타강 하류에 서보면
강은 몇 미터의 사구를 경계로
대서양과 구분될 뿐이지만

강은 죽은 듯 조용하고
잔잔하게 흐르는데 비해
옆의 바다는 파도가
끊임없이 밀려오고 쓸려가서
언제나 시끌벅적 활기차다

강은 상류의 활달하던 강물이
이미 죽을 때가 되었기 때문이고
바다는 죽은 강물이 늘 바다로
흘러들어와 새로운 청춘으로
순환 재생하기 때문이라면

인간의 삶과 죽음도 강과
바다처럼 순환에 불과하다면
인간이 알 수 없어 적막하다는
죽음도 오히려 왁자하지 않을까

(2024.07.04.)

대장 내시경

삼 일 전부터 가려서 먹고
금식하고 속 비운 뒤 검사하고
용종 떼면 끝인 줄 알았는데
그날도 금식하고 다음 날까지
흰죽만 먹으란다

굶고 용종도 떼고 속도 비우니
몸은 가뿐하고 가벼워져서
행복하려면 욕심을 줄이고
비워야 한다는 말 실감 나지만

욕심도 너무 비우면 속 비운 듯
오히려 어지럽고 현기증 난다면

검사 후에도 계속 굶는 처방
빈대 잡으려다 초가삼간
태울까 걱정되는 것은
식욕을 이기지 못한
무식한 사람의 노파심일 뿐일까

(2024.07.30.)

가훈家訓

형극의 가시밭길 걷고
부관참시 넘어도 잃지 않았던
조상의 절의 정신 받들어 자손
만대에 유전하려고 세운 가훈

"앙부불괴어천지仰俯不愧於天地"
죽는 날까지 변함없기를 다짐했지만
세월은 둥굴어져라 등 떠밀고
세상은 모난 돌 정맞는다 위협해서

어느새 그냥 좋은 것이 좋고
서로 좋으면 더 좋은 것이 되어
현실은 하늘과 땅은커녕
사람들조차 부끄럽기만 하다

그래도 처음 세운 뜻
때도 없이 떠오르고
얼굴 붉어지는 가훈

오늘도 나의 다짐
세파에 무드질 당할 뿐　　　　(2024.07.17.)

발문跋文

필자는 '부산 서구문인협회'를 창립한 뒤 서구민을 위한 봉사의 차원에서 구민을 위한 '문학창작 교실'이란 문학 강좌를 개설하기로 마음먹고 구청의 '평생 교육원'에 강좌 개설을 신청하고 때를 기다리고 있는 중이다.

막상 강좌가 개설되면 강좌를 수강하는 사람들은 교재 준비 등 번거로움이 많을 것이고 또 경제적 부담도 많을 것이라는 생각에 필자의 강의를 수강하는 사람들에게 특별한 교재를 새로 준비하지 않아도 되도록 하기 위해 필요한 참고 자료를 필자의 시집 12집과 13집 발문에 나누어 싣기로 했다.

자료는 지금까지 필자가 출판한 제1시집부터 제10 시집까지의 작품집에 실린 작품 중 시 창작에 도움이 될 수 있겠다 생각되는 작품과 올해 출간할 11집부터 14집까지의 작품집 속에 실린 작품 또 실으려 했던 작품 중에서 문학 작품 창작과 관련이 있어서 참조할 수 있겠다 판단 되는 작품을 제12집과 제13집에 각각 10여 편 내외로 나누어 실었다.

구체적인 작품은 다음과 같다.

• 제 1시집

나의 시작 연습 2

나는 언어와 함께 웃고 울며 밤을 지새우기도 한다
어떤 날은 조각가가 되어 언어를 조각한다
모난 곳은 잘라내고 거친 곳은 가다듬어
선을 긋고 가늠하며
이쪽을 파거나 붙이면 저쪽이 낮거나 높고
저쪽을 깎고 쪼면 이쪽이 높고 낮아서
파고 자르고 가다듬고 붙이고 쪼다보면
마침내 언어가 사라지기도 하고
너무 덧붙여서 낯선 괴물이 되기도 한다

어떤 날은 주방장이 되어 언어로 밥을 짓기도 한다
쌀을 일어 뉘와 돌을 고르고 물에 씻어 밥을 지어보면
잡곡이 너무 많아 콩밥이 되기도 하고
뉘와 돌이 여전하여 돌밥이 되기도 하고
물이 너무 많아 죽밥이 되기도 하고
물이 너무 적어 고드밥이 되기도 하여
제대로 된 밥 짓기는 여전히 가늠조차 불가하다

안타까운 서러움에 까만 밤을 하얗게 지새울 땐
영혼의 제단에 새빨간 심장을 바치는 다짐으로
산승처럼 소를 찾아 나서기도 한다
태산을 기어오르고 태평양을 노 저으며
사막을 가로지르다
가끔은 오아시스에 비친 소의 그림자를

발견하기도 하지만

면벽한 심안이 바위에 막혀
소쩍새 밤새워 목쉬게 울어도
소의 자취는 신기루가 되고
구족한 동그라미는 여전히 먼 전설의 이야기일 뿐
산사의 쇠북소리는 여운조차 아득하다

(2018)

나의 시작 연습 3

사람은 늙을수록 옷차림이 단정 하고
얼굴도 반반하여 주름이 적고
말도 적고 순하게 하며
목소리는 낮추고 겸손하며
욕심은 버리고 지혜롭게 처신해야
대접을 받는다고 한다.

먼 훗날
나 자신으로 남게 될 나의 시를 위해
나도 가끔은 세탁도 하고 다듬이질도 하며
새 옷을 만들어 입히기도 하고
주름은 물론 티끌 하나에도 애를 태우며
보는 사람의 얼굴에 미소가 번지도록
매일 매만지고 다림질하며 가다듬는다.

잘생긴 배우나 미인이 되려는 것은 아니다

내 분수와 내 몸에 맞는 옷을 입히고
나만의 개성을 드러낼 수 있는 차림새로
언제 봐도 푸근하고
매일 봐도 즐겁고
볼수록 사랑스러운
그런 모습을 만들고 싶다.

눈썹도 그리고 화장을 고치되
입술의 루즈는 지우고
얼굴의 분은 가볍게 바르고
잡스럽고 화려한 장식은 피하고
어제 못 본 잡티는 뽑아내지만
야단스럽고 진한 색깔은 탈색하고
뒤에 올 사람을 두려워하며
본래의 모습과 주름살을 드러내려 애를 쓴다.

(2018)

나의 시작 연습 4

가슴이 벅차 터질 것 같더니
갑자기 울컥하고 함부로 쏟아져 나온다
혼란되고 파편화된 감정과 사고의 단어들

한 단어 두 단어 주워 모아서
질서를 잡고 절차탁마하면
한 문장이 되고 한 의미가 된다

한 문장 두 문장을 다시 조직하면
구조는 하나의 새로운 의미가 되고
마침내 하나의 하늘이 열린다

하늘에 해와 달과 별을 그리고
검은 구름과 사족은 걷어낸 뒤
바탕에 운율을 깔면 독특한 맛이 된다

독특한 맛은
비가 오고 바람도 부는 새로운 하늘이 되고
새로운 우주가 되고
드디어 한편의 시가 된다

(2018)

• 제 2시집

나의 시 쓰기 1

구름을 더위잡고 무지개를 멍에 하며
허공을 산보하고 태산을 뿌리째 뽑아도
번개를 채찍삼아 천둥을 호령하고
태평양을 건너뛰고 대서양을 뒤집어도
소는 여전히 물가에 서 있을 뿐

살을 바르고 뼈를 깎아 정성을 바치며
언어를 갈고 다듬어서 영혼을 담아도
뼈대를 바꾸고 태를 벗으며

새 술은 새 부대에 담아보아도
공감의 쇠북소리는 여전히 감감할 뿐

손을 뻗으면 닿을 듯한데
아무리 달려도 멀어지는 너의 그림자
땀과 노력은 허공에 날리는 깃발이 되고
외침은 메아리 없는 소리가 될 뿐

맛과 향과 빛깔은 여전히 멀고도 아득한
나의 짝사랑
나의 시 쓰기

(2017)

나의 시 쓰기 2

시는,
생략을 통한 함축과
내재적 운율을 지녀야 하고
시어를 조탁하고 가다듬어서
이현령비현령耳懸鈴鼻懸鈴하고
녹피鹿皮에 가로왈曰 같아서
행간에 의미를 담아야 한다기에

나도 텃밭을 일구고 골을 지어
골마다 콩 심은 데 팥도 나고
팥 심은 데 콩도 나기를 바라며
날마다 달마다 거름 주고

김을 매고 애를 썼지만

김매고 거름 줄수록
밭고랑마저 사라진 텃밭에는
콩은커녕 잡초만 무성하고
팥 심은 곳은 물기조차 사라진
관념의 자갈들만 가득했다

• 제 4시집

태작駄作의 시를 위하여

기술이 부족한 노동자는
노동 시간이나 노동력으로 대신할 수 있고
기능이 부족한 제품은
가격이나 물량으로 대신할 수 있으나
위대한 작가는 타고 나는 것이지
노력만으로 되는 것이 아니고
불후의 명작도 고만고만한 작품을
많이 쓴다고 되는 것은 더욱 아니다

어떤 작가의 작품을 읽다가 보면
작가라는 것이 오히려 부끄러울 때도 있고
내가 쓴 작품조차도 부끄러울 때가 있지만
그렇다고 태작의 작가와 작품이
전혀 필요 없거나 없어져야 할 것은 아니다

밤하늘이 아름다운 것은
달빛이 아름다운 이유도 있지만
그보다는 수많은 뭇별의
반짝임이 있기 때문인 것처럼
태작이 없이는 불후의 명작도 없고
태작이 많을수록 명작은 더욱 빛난다

(2020.11.12.)

지상의 언어

인기 있는 유명 시인의 시를 읽을 때는
무엇인가 배우고 익히려 애를 써보지만
가끔은 너무 어려워서 도무지 이해 할 수가 없고
무슨 말인지조차 알 수도 없어
무식하고 못난 나 자신을 안타까워하다가

유명 시인들의 신의 계시 같은 천상의 언어를
지상의 언어이자 일상적인 인간의 언어로
그렇게도 맛깔스럽게 해석해내는 평론가들의
기적 같은 평설에도 놀라 박수치고 경배하며

읽고 또 읽어도 천상의 언어는
여전히 쉽게 이해할 수가 없고
해석된 언어도 너무 현학적이어서
도무지 접근조차 어렵다는 부끄러운 자각에
지상의 언어로만 시를 쓰는 나 같은 사람은
시인도 아니라는 자괴감을 느끼지만

시는 누구나 쉽게 읽고 즐길 수 있어야 한다는
문학의 기본적인 원리와 이론에 이르러서는
시류를 벗어나 지상의 일상적 언어로만 쓰는 시가
오히려 개성적이며 대세는 언제든지 바뀔 수 있다는
불손한 생각이 불쑥 일어나는 것도
금단의 문을 열지 못하는
무식한 시인의 불경한 편견에 불과한 것일까

(2020.09.27.)

• 제 6시집

시와 나

네가 처음 내게 왔을 때는
잠 안 오는 늦은 밤 출출할 때 먹는
군밤 정도의 간식거리였는데
어느 사이 하루도 안 먹고는
살 수 없는 밥이 되고 말았다

그날 이후 나는 밥을 위해
시종이 되고 노예가 되어
하루도 빠짐없이
밤낮으로 황무지를 개간하여
씨 뿌리고 거름 주며 농사지었다

매일매일 몸과 마음을 다 바쳐

밥을 위해 밥만을 생각했기에
나름 좋은 소출을 기대했지만
해마다 가뭄과 홍수 병충해를 입어
결과는 언제나 기대를 빗나갔다

오늘도 개간지를 둘러보며
북돋우고 김을 매보지만
언제쯤 풍조우순하여
함포고복하며 태평가를 부르게 될지
메아리는 여전히 난망難望

(2021.09.11.)

훌륭한 글

형식이 규정을 벗어나 어지럽고
미사여구만 나열되어 표현이 난삽하며
수사법이 문맥에 맞지 않고 어색하여
무엇을 말하는지조차 알 수가 없으면
엉터리의 허접한 글이다

형식이 잘 훈련된 강아지처럼
규범에 맞아 질서 있고
표현은 길들인 천리마처럼 생략과 함축이
적절하고 통일성이 있으며
수사법도 기발하고 원칙을 준수하여
주제가 분명하면 잘 쓴 글이다

형식이 법고창신하여 낯설지만 매력적이며
표현은 규범을 벗어났으나 독창적이고
수사법은 제멋대로지만 참신하여
주제가 이현령비현령하면 훌륭한 글이다

훌륭한 글은
처음 읽을 때는 머리를 주억이고
두 번 읽으면 손뼉을 치며 환호하고
세 번 읽을 때는 감동해서 가슴을 치며
행동이 변하게 되는 그런 글 아닐까

(2021.09.19.)

시詩

음악은 소리
미술은 선과 색체
문학은 언어의 예술이라 하지만
시는 피의 예술이다

시는 시인의 거친 삶과
수많은 불면의 밤과
생명과 피를 요구하기에
시인은 자신의 생명과 삶과
피를 덜어서 시를 쓴다

피는 생생력이 있어서
피로 쓴 시는 영원히 죽지 않고

아무리 오랜 시간이 지나도
세세생생 새롭게 되살아난다

시인은 죽어서 사라져도
시가 끝내 살아남아서
마침내 불사조가 되는 것은
시 속에 시인의 피가
묻어 있기 때문 아닐까

(2021.12.06.)

• 제 7시집

시의 내면

그림이나 사진도 예술의 경지로
나아가려면 단순 재현이 아니라
의식과 의미를 담아야 하듯

시도 시다운 시가 되려면
단어의 단순 집합이나 조합을 통한
현실이나 사물의 재현이 아니라
언어의 조합 속에 작가 나름의
내밀한 철학과 의식을 담아야 한다

시가 운율이나 어휘의 조탁이나
특수한 형태의 기발한 표현을 통해
청각적 시각적 아름다움 표현에 그치면

향기 없는 꽃이 벌 나비를 부르지 못하듯
독자의 공감을 통한 감동을 주기는 어렵다

독자에게 공감과 감동을 주려면
언어의 조탁이나 기발한 묘사 이면에
심오한 삶의 철관과 의미를
담아야 하는 것이 시詩 아닐까

(2022.03.23.)

• 제 8시집

시의 생략

포장만 화려한 값비싼 물건은
팥소 없는 찐빵이나 단물 빠진 껌처럼
껍질만 남아서 무미건조할 뿐이듯

생략도 함축을 위한 것일 때는
시의 기본이자 시를 시답게 하지만
생략만 있고 함축이 없거나 본질 자체를
생략하고 아무 말 대잔치만 남는다면
아무도 그 의미를 알 수도 없게 된다

시는 즐기기 위해 읽는 것이지
배우기 위해 읽는 것이 아니라면
누가 힘들게 독해를 위해 시를 읽겠는가
생략을 위한 생략이나 무조건 생략은

마침내 본질마저 생략되지나 않을는지

생략은 함축을 위한 것일 뿐
남이 모르게 하기 위한 것이 아니라면
생략도 누구나 쉽게 읽고 이해할 정도만
생략하고 함축해야 좋은 생략 아닐까

(2022.09.12.)

* …제 8집의 발문… 참조

• 제 9시집

시상의 원류

번뇌와 갈등 좌절과 절망은
시상의 원류이자
시를 낳은 어머니다

바람이 없으면 파도가 일지 않고
파도가 없는 바다는 호수처럼
너무 조용하고 잔잔해서
어떤 위험도 없지만
재미도 없듯

불후의 명작들도
국가와 민족이 풍전등화의
위기에 처하거나

작가가 절망과 좌절에 빠진
극한 상황에서 창작되었다

시는 작가의 번뇌와 갈등 속에
좌절과 절망을 딛고 피어나는
고통의 꽃일 뿐인가 보다

(2022.12.11.)

* …제 9집의 발문 참조…

제12시집

그러려니

초판1쇄 발행 2025년 5월 15일

지 은 이 김수봉
펴 낸 이 이길안
펴 낸 곳 세종출판사

주소 부산광역시 중구 흑교로 71번길 12 (보수동2가)
전화 051－463－5898, 253－2213~5
팩스 051－248－4880
전자우편 sjpl5898@daum.net
출판등록 제02-01-96

ISBN 979-11-5979-768-2 03810

정가 12,000원